PLANETA ANIMAL
EL PERICO

POR VALERIE BODDEN

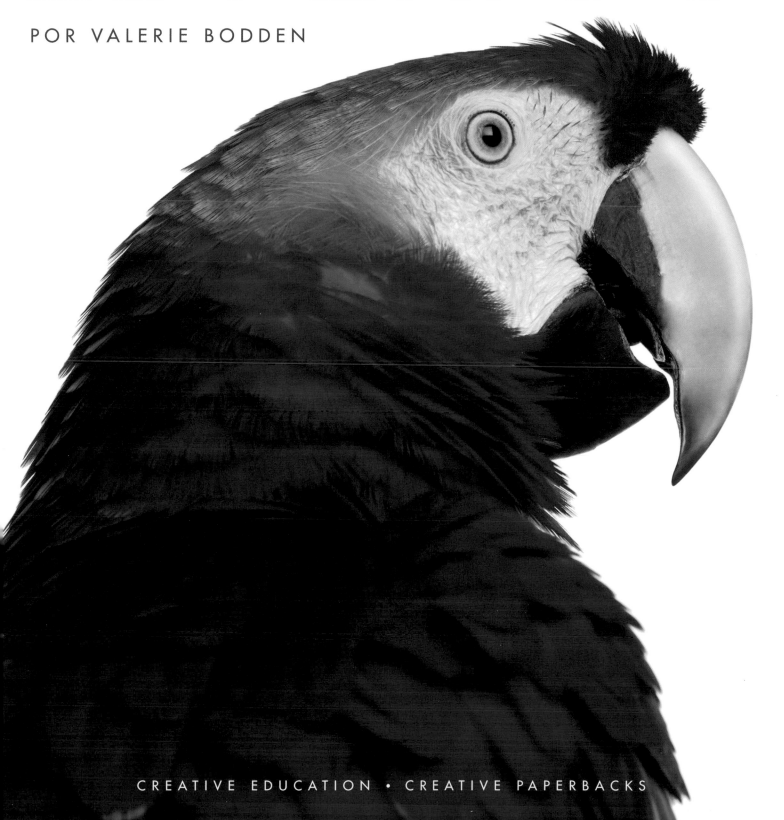

CREATIVE EDUCATION • CREATIVE PAPERBACKS

Publicado por Creative Education
y Creative Paperbacks
P.O. Box 227, Mankato, Minnesota 56002
Creative Education y Creative Paperbacks son marcas
editoriales de The Creative Company
www.thecreativecompany.us

Diseño de The Design Lab
Producción de Rachel Klimpel
Editado de Alissa Thielges
Dirección de arte de Rita Marshall
Traducción de TRAVOD, www.travod.com

Fotografías de Alamy (Addictive Stock Creatives,
imageBROKER, John Lander, Life on white, Petra Wegner),
Flickr (Antonio Giudici), Getty (Altrendo Images, Cagan
Hakki Sekercioglu, Claus Meyer, Darrell Gulin, Digital
Zoo, Dor Shay, Pete Oxford, THEPALMER), Shutterstock
(G. Parekh, Passakorn Umpornmaha, Wannaten)

Library of Congress Cataloging-in-Publication Data
Names: Bodden, Valerie, author.
Title: El perico / by Valerie Bodden.
Other titles: Parrots. Spanish
Description: Mankato, Minnesota: Creative Education and
Creative Paperbacks, [2023] | Series: Planeta animal
| Includes index. | Audience: Ages 6–9 | Audience:
Grades 2–3
Identifiers: LCCN 2021061050 (print) | LCCN
2021061051 (ebook) | ISBN 9781640266773 (library
binding) | ISBN 9781682772331 (paperback) | ISBN
9781640008182 (ebook)
Subjects: LCSH: Parrots—Juvenile literature.
Classification: LCC QL696.P7 B63518 2023 | DDC
598.7/1—dc23/eng/20211222
LC record available at https://lccn.loc.gov/2021061050
LC ebook record available at https://lccn.loc.
gov/2021061051

Tabla de contenido

Aves coloridas 4

¿Qué tan grande es? 8

En el trópico 11

Juntas, en parvada 15

Bellas e inteligentes 20

Un cuento del perico 22

Índice 24

Los pericos son aves. Hay más de 300 tipos de pericos en el mundo. Las guacamayas y los periquitos son tipos de pericos. También lo son los lori arcoiris y los agapornis.

Los pericos viven en muchas partes diferentes del mundo.

La mayoría de los pericos tienen plumas coloridas que pueden ser verdes, rojas, azules o amarillas. Los pericos tienen un pico fuerte y curvo. Tienen alas para volar y dedos fuertes en las patas para agarrarse a las ramas de los árboles.

Los pericos pueden tener muchos colores en la cabeza y la cara.

Los pericos vienen en muchos tamaños. Los loros pigmeos son los pericos más pequeños. Tienen más o menos el tamaño de un gorrión. Las guacamayas son los pericos más grandes. Pueden medir 40 pulgadas (102 cm) de largo desde la cabeza hasta la cola. Algunas guacamayas pesan hasta 4 libras (1,8 kg).

Las guacamayas son aves grandes que viven en Centroamérica y Sudamérica.

*Los pericos viven
en muchos entornos
diferentes.*

La mayoría de los pericos vive en bosques o selvas de Sudamérica, África y Asia. Algunos pericos viven en **desiertos**. Un tipo de perico, el kea (foto izquierda), ¡vive en las **montañas** nevadas!

desiertos áreas grandes y calurosas que a veces están cubiertas de arena

montañas cerros muy grandes hechos de roca

La mayoría de los pericos come frutas, bayas, semillas o nueces. Algunos comen insectos o lombrices. Muchos pericos comen mientras están parados en una pata. Usan su otra pata para sostener su comida.

Algunos tipos de pericos pueden usar sus patas como si fueran manos.

Cuando son polluelos, los pericos no son tan coloridos.

La madre perico pone de dos a cinco huevos. Cuando los polluelos eclosionan de sus huevos, casi ninguno tiene plumas. Al poco tiempo, les crecen las plumas. Los polluelos aprenden a volar. En la naturaleza, los pericos pequeños pueden vivir 10 años. Los pericos grandes pueden vivir unos 50 años.

eclosionar salir de un huevo

Los pericos viven juntos en grupos llamados parvadas. Algunas parvadas son pequeñas. Otras, tienen cientos de aves. Las aves de una parvada buscan alimento juntas por la mañana y por la tarde. Duermen juntas por la noche.

Los pericos se sienten más seguros en parvada.

Los pericos pasan mucho tiempo limpiando sus plumas. A esto se le llama acicalarse. A los pericos también les gusta hacer ruido. Pueden gritar, graznar y silbar.

Los pericos usan el pico para limpiarse las plumas.

Actualmente, muchas personas observan a los pericos en los zoológicos. Otras, tienen pericos como mascotas. Incluso, a ciertos tipos de pericos les enseñan a decir algunas palabras. ¡Estas aves coloridas cautivan a las personas con su belleza e inteligencia!

Los pericos grandes pueden hacer mucho ruido en los zoológicos o jaulas.

Un cuento del perico

Algunos pericos

pueden repetir lo que la gente dice. En Asia, la gente tiene un cuento sobre por qué los pericos hacen esto. Dicen que, antes, los pericos hablaban solos. Los pericos siempre decían la verdad. Pero un día, un hombre engañó a un perico para que mintiera. La gente dijo que el perico ya no podía vivir con ellos. El perico le contó a los otros pericos lo sucedido. ¡Desde entonces, los pericos solo repiten lo que dice la gente!

Índice

comida 12, 16

esperanza de vida 15

hogares 11

mascotas 20

parvadas 16

picos 7

plumas 7, 15, 19

polluelos 15

sonidos 19, 20, 22

tamaño 8, 15

tipos 4, 8

zoológicos 20